AF232764

ÉLOGE FUNÈBRE

D'HONORÉ

RIQUETTI MIRABEAU,

PRONONCÉ

Le 2 mai 1791, devant la société des Amis de la constitution, établie à Châtillon-sur-Seine.

Par CHARLES LAMBERT, citoyen de Belan, Juge de paix du canton d'Autricourt, et membre de cette société.

Is verus triumphus est, cùm benè de republicâ meritis, testimonium à consensu civitatis datur. CICER. PHILIP. 14.

IMPRIMÉ AUX FRAIS DE LA SOCIETÉ.

A DIJON,

DE L'IMPRIMERIE DE P. CAUSSE.

M. DCC XCI.

ÉLOGE FUNÈBRE

D'HONORÉ

RIQUETTI MIRABEAU.

MESSIEURS,

Quel triste changement de scène pour nous, de passer si rapidement de l'admiration que causoit dans nos assemblées le récit continuel des bienfaits de Mirabeau envers la patrie, des applaudissemens qui retentissoient de toutes parts et que lui méritoient depuis deux ans tous les momens de sa vie, à l'éloge funèbre de ce grand homme, aux regrets cruels que sa perte nous inspire ! Quelle fatalité nous a enlevé, au milieu de sa carriere, cet intrépide défenseur des droits du peuple! Il n'y a qu'un instant, nous le voyions à la tribune foudroyer tous les instrumens du despotisme et de l'aristocratie ; son apparition seule commandoit le respect aux factieux de tous les partis ; et aujourd'hui la France en deuil ne s'occupe que des honneurs rendus à sa mémoire : aujourd'hui je ne fixe votre attention, je n'ai droit à quelqu'intérêt de votre part, que comme interprete de notre affliction particuliere, que comme organe de la douleur publique.

Elle est presqu'irréparable cette perte qui a consterné tous les bons citoyens, en même temps qu'elle a ranimé les espérances tant de fois déçues des ennemis de la révolution ; et quand bien même nous aurions pu douter un moment de la véracité des premieres nouvelles qui nous transmirent ce cruel événement, l'explosion subite d'une joie scandaleuse de la part des aristocrates, ne nous auroit appris que trop combien elle étoit fondée.

Au reste, Messieurs, ce n'est pas qu'en jetant quelques fleurs sur la tombe de cet homme immortel, je veuille vous présager rien de sinistre pour l'achevement de notre constitution : à Dieu ne plaise ! je connois trop la force irrésistible qui en assurera le succès , pour en douter un moment ; et quand l'édifice de la liberté est à son faîte , quand les bases en sont immuables, quand l'amour de l'ordre, ainsi que le respect pour les loix , annoncent presque par-tout la maturité d'un peuple régénéré , est-ce de l'existence d'un seul individu que peuvent dépendre les destinées de l'empire ?

Laissons donc aux mauvais citoyens le plaisir dangereux de se réjouir d'une calamité publique ; qu'ils se félicitent entre eux de la mort de Mirabeau , comme d'une bataille gagnée ; que , par des contes puériles et absurdes, ils cherchent à outrager la mémoire du Démosthène de la France : le sort en est jeté : Honoré Riquetti a emporté dans le tombeau la gloire d'avoir contribué plus que personne à briser ces fers qui déshonoroient sa patrie ; et dans ce même tombeau sont ensevelis avec lui , pour jamais , tous ces titres fastueux , ces prétentions de l'orgueil , ces privileges de la naissance , dont on ne peut plus parler sans rougir , et dont nos neveux auront peine à se faire une idée.

O vicissitude des choses humaines ! faut-il que celui qui vient de nous rendre à tous les jouissances d'une vie libre , qui vient de nous procurer une nouvelle existence, soit rayé subitement de la liste des êtres ! Quel triomphe pour nos ennemis ! et cependant combien ils s'abusent ! C'en est fait, à la vérité, il n'est plus, ce fondateur de la liberté française, qui, le 23 juin 1789, répondit à M. Brezé, alors grand-maître des cérémonies, lorsqu'il vint intimer, de la part du Roi, l'ordre aux communes de se retirer, après la tenue du trop fameux lit de justice de ce jour : *Allez dire, Monsieur, à ceux qui vous envoient ici, que nous y resterons, et qu'on ne nous sortira que percés de baïonnettes.* Il n'est plus ; mais son ombre seule fera pâlir les tyrans et les despotes de tous les pays du monde, en leur apprenant ce que peut l'énergie d'une ame fiere et courageuse au milieu d'une assemblée de citoyens.

Il n'est plus, ce tribun du peuple, qui, par une adresse au Roi pour faire retirer les troupes qui investissoient la capitale, prépara, pour ainsi dire, ce jour à jamais mémorable du 14 juillet de la même année : mais sa mémoire ne périra pas ; et son nom, prononcé d'âge en âge avec enthousiasme, sera la terreur des ministres pervers qui oseront substituer l'empire des armes à l'empire des loix et de la justice.

Il n'est plus, cet autre *Aristide,* qui,

en butte à une cabale forcenée, couvrit d'opprobres et de confusion un tribunal inique dont on s'étoit servi pour l'immoler à des vengeances secrettes, et qui rejeta sur ses accusateurs tout le poids d'un grand crime dont on le prétendoit complice : mais ses ouvrages, ses écrits dureront autant que le monde; ils attesteront aux races futures la fermeté inébranlable, les talens prodigieux avec lesquels il soutint la cause populaire ; ils deviendront des livres classiques, où l'on puisera éternellement les leçons les plus sublimes en morale, en politique et en législation.

Cependant, MESSIEURS, ne vous attendez pas qu'en vous crayonnant les principaux traits qui embellirent les deux dernieres années de sa vie ; qu'en vous retraçant les trophées que lui valurent l'abolition de la votation par ordres qui fut presque son ouvrage, la déclaration des droits de l'homme à laquelle il eut tant de part, la création des assignats dont il combla l'abyme des finances, la réforme du clergé qu'il sut enchaîner à la fortune publique; ne vous attendez pas, dis-je, qu'en panégyriste adroit, je vous dissimule que la malignité et l'envie lui imputerent des fautes graves, et que de bons citoyens même se sont laissés égarer par des suggestions insidieuses , dont ils n'ont pas su se garantir.

La premiere fut, selon eux , d'avoir opiné en faveur du *veto* absolu ; ce qui seroit sans doute un grand crime envers la souveraineté du peuple : mais cette calomnie a été mille fois réfutée , tant par l'exposition de ses principes sur cette même souveraineté , toutes les fois qu'il s'agissoit de fixer les limites des différens pouvoirs, que par sa conduite publique et privée depuis cette époque.

On lui objecte , en second lieu, d'avoir tergiversé ; de ne s'être pas expliqué clairement sur le droit à accorder au Roi de faire la guerre et la paix , parce qu'un de ses collegues , un de ses émules en patriotisme , avoit développé sa pensée d'une maniere moins méthaphysique : tandis que c'est d'après sa motion même que l'initiative a été accordée au Roi, et que le décret a été prononcé avec l'amendement de M. *Barnave.*

Interrogez tous ceux qui l'approcherent dans ce moment critique , dans ce moment affreux où il entendoit crier dans les rues, aux portes même de l'Assemblée nationale : *voici la grande trahison de Mirabeau l'aîné* : ils vous diront que le calme de son esprit étoit un sûr garant de la pureté de sa conscience. Et en effet, cet homme étonnant, que l'on accusoit de courir après la faveur populaire , poussoit le stoïcisme au point de regarder presque du même œil et les honneurs du capitole qu'on lui avoit décernés tant de fois , et la roche tarpéienne dont on le menaçoit alors.

Enfin, dans ces derniers temps, ne l'a-t-on pas accusé encore d'avoir passé sous les tentes de nos ennemis, dans la question si délicate des émigrations, parce qu'il a manifesté à ce sujet des principes inflexibles, principes inattaquables, puisqu'ils étoient fondés sur la déclaration des droits de l'homme , mais qui ne s'accordoient pas avec les circonstances malheureuses où nous nous trouvions alors ; comme si un homme de génie, un législateur profond pouvoit trahir les mouvemens de sa conscience, et les plier aux événemens du jour !

Tel est, Messieurs, le sort des grands hommes de tous les temps et de tous les lieux : il est rare qu'ils n'essuient pendant leur vie des tracasseries et des injustices. Voyez les *Descartes* , les *Voltaire*, les *Rousseau*, etc. à qui l'antiquité auroit érigé des temples et des autels ; voyez-les fuir leur patrie ingrate ; voyez-les en butte à tous les traits de la calomnie et du fanatisme, et vous ne vous étonnerez plus que Mirabeau, avec un génie presqu'aussi vaste, avec la même aversion pour la tyrannie, et peut-être plus de courage pour la combattre, ait éprouvé les mêmes persécutions.

Oui, j'ose le dire, toutes ces imputations odieuses, tous ces petits détails de sa vie privée dont on voudroit flétrir sa mémoire, ne servent qu'à déceler la bassesse et l'acharnement des ennemis de ce grand homme, ou plutôt les ennemis de la patrie.

Elles sont fausses et controuvées, la plupart de ces anecdotes scandaleuses que l'on puise dans des *journaux-égoûts*, et que l'on répete avec tant de complaisance : mais, fussent-elles vraies, eh ! que nous importent de misérables historiettes de ruelles, quand toute l'Europe éclairée admire avec nous les services inappréciables qu'il a rendus à la chose publique !

La postérité le jugera-t-elle sur quelques erreurs de sa jeunesse, sur quelques égaremens inséparables de la condition humaine ? Non : elle le considérera comme un Protée qui se montroit par-tout où il pouvoit se rendre utile à sa patrie ; qui faisoit mouvoir à son gré tous les leviers de l'éloquence et de la dialectique , pour propager l'horreur dont il etoit également pénétré et pour le despotisme, et pour l'ochlocratie. Elle ne verra en lui qu'un écrivain sublime qui a devancé son siecle , et qui , avec une plume de feu , montroit aux hommes étonnés toute l'étendue de leurs droits et de leurs devoirs. Le patriotisme le plus pur ; des ouvrages immenses ; un courage à tout braver ; une ardeur au travail dont il a été la victime : voilà quels seront ses titres à la reconnoissance publique et à l'immortalité.

Aussi l'Assemblée nationale , juste interprete d'un vœu unanime , s'est-elle empressée de lui rendre tous les honneurs qui étoient en son pouvoir , c'est-à-dire, les honneurs de la sépulture ; foible et triste hommage au génie bienfaisant de cet apôtre de la liberté. Quand un grand homme n'est plus , et qu'il a bien mérité de la patrie , elle ne sauroit trop honorer sa mémoire , afin que ces hommes deviennent, pour les générations futures, une semence de gloire et de patriotisme. Cependant jusqu'à ce jour nous n'avions aucuns monumens destinés à recevoir les cendres de ces vrais héros , que l'on doit bien se garder de confondre avec celles de tous ces princes ambitieux , de ces illustres brigands , qui n'ont été que la terreur et le fléau : et en consa-crant un temple magnifique à cet usage, c'est un nouveau bienfait qu'elle ajoute à tous ceux dont la constitution nous fait jouir (1).

Que ne puis-je, Messieurs, vous donner une idée de la pompe funèbre et triomphale qui accompagnoit le cercueil de Mirabeau, de sa demeure à la demeure éternelle ! C'étoit un spectacle dont il n'y a pas d'exemple dans les annales du monde : un peuple immense formant le cortège, pleurant le pere de la patrie; les meres le montrant à leurs enfans; les toits couverts de citoyens, levant les mains au ciel et le redemandant à l'Être suprême; les spectacles fermés par-tout; par-tout ses ennemis forcés au respect ou au silence : tels étoient les signes non équivoques de la douleur publique; telle étoit l'image d'un deuil universel.

------

(1) Quand j'écrivois aux auteurs de la chronique de Paris, au mois de janvier dernier, pour les engager à solliciter un décret qui assurât aux grands hommes de la France les honneurs de la sépulture publique, je ne me doutois guere que la mort de l'illustre Mirabeau accéléreroit une disposition aussi sage. Nous aurons donc un *Westminster*, avec cette différence que, probablement, nous n'y aurons pas des histrions et des saltimbanques.

Quelle leçon pour vous, tyrans et despotes de la terre ! Que n'eussiez-vous été
témoins de ce grand spectacle ! peut-être
eût-il attendri ce cœur de bronze avec
lequel vous vous jouez de la vie et de la
fortune des hommes ! peut-être vous eût-
il fait sentir quelle différence la postérité mettra entre vous et ces bienfaiteurs
du genre humain, dont la mort fait cou-
ler autant de larmes, que tous les ins-
tans de votre vie en font répandre !

Vous l'avez bientôt partagée cette douleur, Messieurs ; elle s'est communiquée
en un instant de la capitale à toutes les
municipalités de l'empire : la vive émo-
tion que vous en avez ressentie, n'est
pas encore effacée. Eh ! comment des
amis de la constitution pourroient-ils
cesser de gémir sur les destinées de ce
grand homme, quand elles affligent pro-
fondément une nation entiere, et que
par-tout elle lui décerne un juste tribut
de piété filiale ? Vous avez vu la garde
nationale de cette ville donner, dans
cette triste occasion, un témoignage
éclatant du patriotisme qui l'anime ; vous
l'avez vue à cette cérémonie lugubre,
où vous fûtes invités, renouveller son
serment civique, et jurer, par les ma-
nes de Mirabeau, de vivre libres ou de
mourir.

Cette sainte coalition de tous les patriotes, consterne avec raison les mauvais citoyens; et, le dirai-je? il s'en est trouvé qui ont poussé l'ineptie au point de demander *qu'est-ce qu'on feroit pour un Roi*, tant leurs petites conceptions étoient révoltées de l'appareil imposant qu'on a déployé dans cette circonstance.

Qu'est-ce qu'on fera pour un Roi! vils adulateurs des cours ! Rien, quand il n'aura rien fait pour le bonheur du peuple. Apprenez, ames de boue, si vous pouvez apprendre quelque chose, qu'aujourd'hui c'est aux talens, au mérite seul que l'on décerne des honneurs; et c'est sans doute ce qui vous désespere.

Enfin, Messieurs, je ne vous entretiendrai pas davantage des détails d'une vie trop courte, mais consacrée entierement au bien public : pour peindre un *Alexandre* il faut un *Appel*; et vous entendrez bientôt nos orateurs les plus distingués, déployer toutes les richesses de la parole pour célébrer plus dignement notre perte et nos regrets. Il me suffira, dans ce moment critique, où une ligue sacerdotale s'apprête à allumer les torches de la guerre civile au flambeau du cierge paschal; il me suffira, dis-je, de vous inviter à redoubler de zèle et de vigilance, pour arrêter les progrès de ce fanatisme audacieux. Réunissons tous nos efforts pour mettre le peuple, et surtout le peuple des campagnes, en garde contre la séduction (1) : que l'ame de Mirabeau inspire toutes nos pensées, toutes nos démarches ! et ne souffrons pas qu'une constitution, chef-d'œuvre de l'esprit humain, périsse avec celui qui en a été l'un des principaux fondateurs.

---

(1) Dans un catéchisme patriotique, qui ne tardera pas à paroître, je ferai ensorte de leur faire sentir et l'intérêt que l'on a de les tromper, et le besoin qu'ils ont de s'instruire.

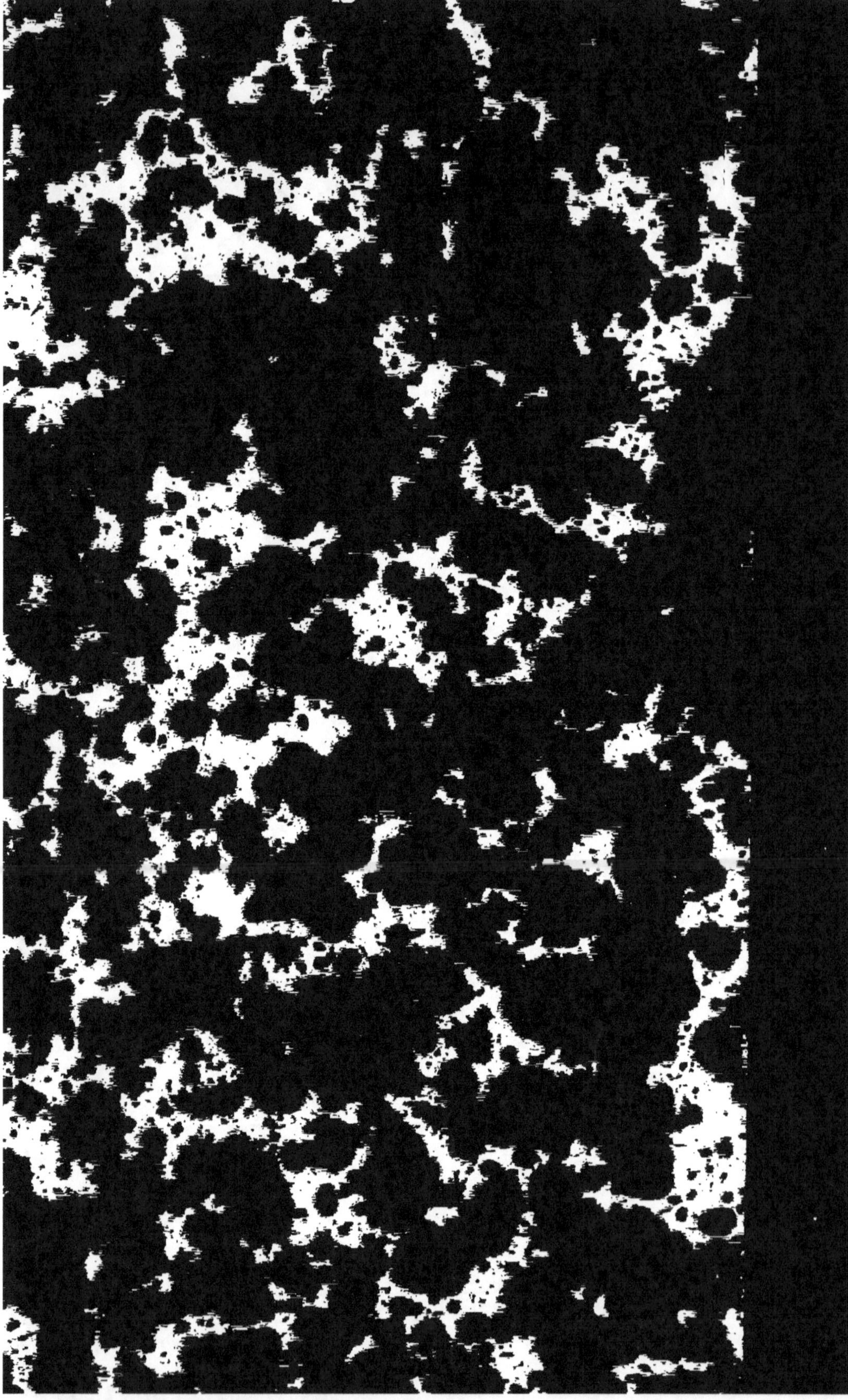